LA
SAVOYARDE

BOURDON

DE LA

BASILIQUE DE MONTMARTRE

PAR

le Chanoine C.-A. DUCIS

Ancien Archiviste de la Haute-Savoie.

ANNECY

IMPRIMERIE DE F. ABRY

LIBRAIRE-ÉDITEUR

1893

DU MÊME AUTEUR

Mémoires sur les voies romaines de la Savoie, avec carte et plan.

Les Fins, Bautas et Anessy : études sur les origines d'Annecy.

La vallée de Beaufort en Savoie.

Promenade archéologique à Belleville de Hauteluce.

Vies abrégées des SS. Jacques et Marcel, premiers évêques de Tarentaise, Maxime, évêque de Riez, et Guérin, évêque de Sion.

De l'origine et de l'organisation provinciale des diocèses de Savoie, discours de réception à l'Académie de Savoie.

Les Allobroges à propos d'Alesia, discussions historique et géographique.

Le passage d'Annibal du Rhône aux Alpes.

Les archives historiques de Savoie, à Turin et en Suisse.

Mémoire sur la Savoie présenté au cabinet de Versailles par M. de Bonnaire, pendant l'occupation espagnole, annoté.

Questions archéologiques et historiques sur les Alpes de Savoie entre le lac Léman et le mont Genèvre ; Chablais, Faucigny, Tarentaise, Maurienne, Savoie.

Les Alpes graies, pœnines et cottiennes.

L'auteur du Traité de l'Imitation de J.-C., avec portrait.

La Sapaudia avant les Allobroges, sous les Romains et jusqu'à l'avènement de la Maison de Savoie.

Occupations, neutralité militaire et annexion de la Savoie.

Campagne de Louis XIII en Savoie.

Les camps celtiques du Châtelard, étude sur les Allobroges et les Ceutrons dans le haut Faucigny, avec carte et plan.

Notice sur Dom Baranzano, barnabite, professeur à Annecy, du temps de saint François de Sales.

Origine des cité et diocèse de Tarentaise.

Albertville à l'époque romaine et la vallée de Beaufort au moyen âge.

Le Saint-Suaire à Annecy et la naissance de saint François de Sales.

Annecy et les ducs de Genevois et de Nemours.

Les pœni d'Afrique et les Alpes pœnines.

L'Epaona du concile de 517.

Saint Maurice et la Légion thébéenne.

Etudes historiques sur le Genevois, le Chablais et le Faucigny.

Les Allobroges et les Ceutrons.

L'Epoque de saint Bernard de Menthon.

La rue Ducis et les familles Ducis et de Granier.

Les Mandrin en Savoie.

Anne d'Este, duchesse de Genevois et de Nemours.

La neutralité militaire de la Savoie.

LA SAVOYARDE

BOURDON

DE LA

BASILIQUE DE MONTMARTRE

PAR

le Chanoine C.-A. DUCIS

Ancien Archiviste de la Haute-Savoie.

ANNECY

IMPRIMERIE DE F. ABRY

LIBRAIRE-ÉDITEUR

1893

(Extrait de la *Revue savoisienne*.)

1507-93. — Annecy. Imprimerie de F. ABRY.

LA SAVOYARDE

BOURDON DE LA BASILIQUE DE MONTMARTRE

———— ◇ ————

La mort récente de Mgr l'Archevêque de Chambéry, qui en a été le principal promoteur, nous rappelle la promesse faite l'année dernière de donner aux lecteurs de la *Revue* des renseignements exacts sur ce chef-d'œuvre sorti à deux pas d'Annecy. D'ailleurs, la Société Florimontane, qui a été fondée en 1851 pour le progrès et l'encouragement des sciences, des arts et métiers, ne voudrait pas laisser partir d'ici une œuvre d'art unique en son genre sans rendre hommage aux artistes qui l'ont exécutée avec tant de succès, MM. Georges et Francisque Paccard, fondeurs à Annecy-le-Vieux.

Fondé en 1796, à Quintal, l'atelier de fonderie de la maison Paccard a été transféré, en 1857, au bas d'Annecy-le-Vieux, dans une des positions les plus favorables à leurs travaux et à leurs relations, qui ont pris tant d'importance et d'extension, grâce aux perfectionnements introduits successivement dans leur art, et qui leur ont valu tant de succès. Ils fournissent, en moyenne, de 80 à 100 cloches par an, non seulement à la Savoie et la France, mais à l'Angleterre, à l'Espagne et jusqu'aux Indes et en Amérique. L'une de leurs dernières coulées en contenait pour les cinq parties du monde.

Déjà, en 1878, ils avaient fondu, pour le clocher de Notre-Dame de Liesse d'Annecy, la *Salésienne*, ainsi appelée de la coïncidence des fêtes du doctorat de saint François de Sales. Elle fut bénite par S. E. le cardinal Caverot, archevêque de Lyon, après une magnifique allocution de S. G. Mgr Rosset, évêque de Maurienne. Elle pèse plus de cinq mille kilogrammes. Personne alors ne supposait que, treize ans plus tard, ce chiffre serait plus que triplé pour un bourdon destiné à Paris.

L'initiative en est due au R. P. Charles Besson, de Grésy-sur-Aix, des Oblats de Marie-Immaculée, alors de résidence à Montmartre. Mais, dans l'impossibilité de mener à bonne fin ce projet, il y intéressa Mgr François de Sales Leuillieux, archevêque de Chambéry, qui en fit son œuvre, traita avec les fondeurs et ouvrit une souscription réservée aux habitants ou originaires de l'une des deux Savoie, sans exclusion toutefois.

Le Père Besson n'eut plus alors qu'à suivre l'exécution de l'œuvre en l'aidant de l'appui de ses relations et des inspirations de son zèle.

Nous ne parlerons pas du choix des métaux, de leur combinaison proportionnelle en vue de la sonorité des grandes et petites pièces (78 cuivre rouge, 22 étain, en moyenne), ni des procédés et conditions de fonte. Nous n'entrerons pas non plus dans le détail de tous les travaux préparatoires à la fonte des cloches. Ils ont été développés, il y a bientôt dix ans, par un auteur qui n'a pas vu commencer l'œuvre de la *Savoyarde* [1], et tout dernièrement encore par M. Achille Allart, ingénieur des Arts et Manufactures, à l'occasion précisément de l'exécution de la même *Savoyarde* [2]. Nous n'en rappellerons donc que la trame principale d'après les nombreuses observations que nous avons pu faire à cet atelier depuis plus de trente ans.

C'est d'abord le moule intérieur appelé le *noyau*, briquetage couvert d'une couche de terre préparée, et vide pour y recevoir un feu dessicateur. Puis, c'est la *fausse cloche*, c'est-à-dire une couche de terre et de chanvre pétris posée sur tout le *noyau* et représentant la future cloche dans toutes ses mesures calculées avec la dernière précision, sur la planche à trousser, soit le *tracé*, qui, tournant sur un pivot, en régularise toutes les proportions. Sur la surface de cette couche, on applique des plaques de cire reproduisant en relief toutes les inscriptions, figures, armoiries, etc., que doit porter la nouvelle cloche.

On procède ensuite à la confection du moule extérieur appelé la *chemise* ou la *chappe*, autre couche d'argile entremêlée de chanvre et renforcée par des spirales innombrables de fil de fer, qui en assurent la cohésion intense. Elle est posée et appliquée tout au-

---

1. Pl. BRAND. *La Cloche, son histoire, sa fabrication, son langage.* 1884. Annecy, Abry.

2. *Le Chercheur, journal illustré des inventions nouvelles.* 1ᵉʳ décembre 1891.

tour sur la fausse cloche de manière à recevoir à la surface intérieure l'empreinte soit la forme en creux de toutes les figures en relief placées à la surface de la *fausse cloche*. La composition de cette couche est faite avec des matériaux divers combinés ensemble et dans des conditions de solidité et de fermeté telles que, après dessication, elle puisse être saisie et soulevée par des engins à une hauteur qui permette de démolir et d'enlever la fausse cloche et de contrôler toutes les impressions qu'elle a dû laisser à la surface intérieure de cette *chappe*.

On fixe ensuite au sommet du *noyau* le porte-battant pour être saisi dans le cerveau de la cloche par la coulée. Puis la *chappe* est redescendue et replacée avec une précision mathématique pour que le vide ne représente que la forme exacte de la cloche future. On adapte au sommet de la *chappe* le moule des *colombelles* soit des anses qui serviront à suspendre la cloche. Pour ce moulage, qui est d'une grave importance, on a plusieurs procédés, suivant la dimension des cloches.

Tout étant achevé, on capitonne avec une terre légère préparée à cet effet la *chappe* et le moule des *colombelles* jusqu'au sommet, de manière à faire tout disparaître, c'est l'*enterrement*. Ce comble, déposé avec mesure et prudence pour ne pas faire fléchir la *chappe* dans le vide, lui donne à l'extérieur une force de résistance à tout accident pouvant provenir de la poussée du métal dans le coulage. Au-dessus du tout est placé le bassin de coulée qui part du four à réverbère, où le métal est fondu, pour aboutir sur le moule des *colombelles*.

Toutes ces opérations exigent les soins les plus déli-
cats, les précautions les plus minutieuses dans le choix
et la mise en œuvre des divers matériaux, la confection
de tant de moules, de figures et de textes, dont la
fermeté puisse recevoir, sans danger de détérioration,
le choc et la pesanteur du métal incandescent. Il a
fallu attendre la dessication de chaque moule avant
d'entreprendre le suivant, prévenir l'adhérence des
uns et des autres par de minces couches de cendres ou
de noir, etc. Et, si la coulée comporte 25 ou 30 cloches
de différents calibres, on conçoit le temps que tout
cela demande. Il a fallu presque une année pour la
Savoyarde.

Arrivons enfin au 13 mai 1891, jour qui rappelait
à dix ans de distance la préconisation de Mgr Leuillieux
comme archevêque de Chambéry, le 13 mai 1881.

Une foule nombreuse avait envahi les ateliers de
MM. Paccard qui, bondés de toutes parts, ne pou-
vaient tout contenir. Vers 11 heures, arrivent NN. SS.
l'archevêque de Chambéry ; Isoard, évêque d'Annecy ;
Luch, évêque d'Aukland, et une nombreuse représen-
tation du clergé de Chambéry et d'Annecy.

Le métal, chauffé depuis 24 heures, était à 1.800
degrés et pouvait donc affronter sans danger l'air am-
biant pendant la coulée, qui a duré 9 minutes, précédée
des prières d'usage et suivie du chant d'allégresse,
entonné par l'archevêque.

La cloche a 3^m.06 de hauteur, 3^m.03 de diamètre
à sa base, et conséquemment 9 mètres et demi de cir-
conférence. Elle donne le *contre-ut*, note promise
d'avance, grâce aux calculs et aux procédés dont les

habiles fondeurs ont le secret : et c'est à tel point, qu'ils peuvent compléter et mettre en harmonie, par l'addition d'autres cloches, tout carillon irrégulier.

Elle pèse 16,888 kil., le battant 847 kil. avec la chappe, soit en tout 17,735 kil. Le joug en chêne mesure 1^m,60 de hauteur, 4 mètres de longueur et avec ses ferrures son poids dépasse 5,000 kil. Enfin, tout armé de son harnais, le bourdon pèse 25,000 kil.

L'œuvre complète avec tous ses accessoires de mise en route a coûté la somme de 64,886 francs, qui a été couverte avec un empressement remarquable par les souscriptions venues de toutes les paroisses de la Savoie. Le bourdon, unique en France aujourd'hui, car celui de Notre-Dame de Paris ne pèse que 12.500, celui de Sens 11,000, de Reims 10,000, de Lyon 7.500, est destiné à la tour de l'église du Sacré-Cœur à Montmartre, sur Paris. C'est là seulement qu'il pourra être mis en branle par un engin spécial dû aux habiles fondeurs. Mais les bases de cette tour, commencées avant la connaissance des dimensions de la cloche, doivent être modifiées pour la recevoir. Telle est une des causes du retard de son transport.

Depuis qu'elle a été découverte et sortie du moule, puis mise au nettoyage, près de 25,000 visiteurs sont venus de toutes parts contempler ce chef-d'œuvre et apprécier la sonorité de sa voix dès qu'elle a pu être suspendue. Ce ne sont encore que des tintements, et lorsqu'ils sont donnés par le battant, ils sont entendus et bien distingués dans tout le plateau d'Annecy de plus de 30 kilomètres carrés.

A grandes volées, elle sera entendue de toute la ville de Paris.

Toutes les difficultés de transport ont été prévues et résolues. Ce n'est plus qu'une question de temps.

En dehors des motifs qui ont destiné le bourdon à la nouvelle basilique de la Butte de Montmartre, cette localité n'est point étrangère aux souvenirs historiques de Savoie. En 1133, Adélaïde de Savoie, fille d'Humbert II, dit le Renforcé, et femme de Louis VI, dit le Gros, roi de France, fonda une abbaye de Bénédictines à Montmartre. Veuve de Louis-le-Gros, elle épousa Mathieu de Montmorency : veuve encore, elle se retira dans la communauté qu'elle avait fondée et y fut ensevelie, en 1154.

En 1534, Pierre Favre, de Saint-Jean des Sitz, dans la vallée de Thônes, premier prêtre de la Compagnie de Jésus, sous le nom de *Lefèvre*, reçut dans l'église de Montmartre les premiers vœux de saint Ignace de Loyola et de ses compagnons.

Tous les visiteurs n'auront pas eu le temps de lire toutes les inscriptions, ni la facilité d'expliquer toutes les effigies et armoiries dont la *Savoyarde* est couverte. Il sera plus difficile encore de le faire lorsqu'elle sera installée. Nous pensons donc faire chose utile et agréable aux lecteurs de mettre sous leurs regards toute la légende, paroles et figures, qui forment la page instructive de ce monument. Commençons par les inscriptions. Ne pouvant reproduire les caractères tels quels, soit les capitales romanes et carolines, nous donnons les textes en petites majuscules.

Les six colombettes ainsi que le contour de la tête sont couvertes des insignes du Sacré-Cœur de Montmartre.

Au-dessous, en première face, on lit :

An · M·D·CCC·LXXX·VIII
Leone · XIII · P. · M.
Qvinqvegenaria · Solemnia · Sacerdotii · svi · agente
Me · Franciscam · Margaritam · a · sacratissimo · corde
[Christi · Jesv · nvncvpatam
Clervs · proceres · popvlvs · qve · Sabavdiæ
Præevnte · Francisco · Alberto · Levillievx
archiepiscopo · Camberiensi
cvm · episcopis · provinciæ
.ere · collato
dedervnt
pietatis · in · divinvm · cor · monimentvm
vrbi · genti · orbi · vniverso
e · sacro · vertice · ingeminatvram · per · sæcvla
vivat · Jesvs.

Nous en donnons ici la traduction :

L'an 1888, au cours du Jubilé sacerdotal du S. Pontife Léon XIII, moi, Françoise-Marguerite du Sacré-Cœur de Jésus, sur l'initiative de François-Albert Leuillieux, archevêque de Chambéry, avec le concours des évêques de la province, aux frais communs du clergé, des grands et du peuple de Savoie, j'ai été offerte en don comme témoignage de piété envers le divin Cœur pour redire à travers les siècles à la ville, à la nation, au monde entier : Vive Jésus !

Sur la face opposée, on lit :

PARRAIN : S. G. Mgr François de Sales Albert Leuillieux, archevêque de Chambéry.

PRINCIPAUX DONATEURS

Mᵍʳ Leuillieux, archevêque de Chambéry
L'Ordre de la Visitation
Mᵍʳ Ricard, prélat de la M. de S. S. Léon XIII
Mᵍʳ Turinaz, évêque de Nancy
La famille de Boigne
Mᵐᵉ Prat-Noilly de Marseille
Mᵐᵉ la comtesse Vial de Conflens
Le comte de Menthon et sa famille
L'abbé Naville d'Annecy
La paroisse de la Métropole de Chambéry
La paroisse de Notre-Dame de Chambéry
Les RR. PP. Chartreux
La paroisse d'Aix-les-Bains
La paroisse de Rumilly

Au-dessous des inscriptions sont les effigies suivantes. En commençant par la première face et suivant le tour, on voit un grand Christ: armoiries de Léon XIII: saint Pierre de Tarentaise: sainte Jeanne-Françoise de Chantal: armoiries de la ville de Chambéry: saint François de Sales: saint Anselme: armoiries du cardinal Richard: Notre-Dame de Myans: armoiries du cardinal Guibert: saint Bernard de Menthon: sainte Geneviève: armoiries de la ville de Paris: saint Denis: saint Anthelme: armoiries de Mᵍʳ Leuillieux.

Vient ensuite la galerie des armoiries d'autres corps ou familles. commençant par la première face:

Province de Savoie: ville d'Aix-les-Bains: le marquis d'Oncieu: la métropole de Chambéry: famille de Boigne: congrégation du Sacré-Cœur de Chambéry: famille Prat-Noilly, de Marseille : RR. PP. Chartreux : ville de Cluses : province du Faucigny : famille de la Fléchère : R. P. Besson, de Grésy-sur-Aix : Mgr Bouvier, évêque de Tarentaise : province de Tarentaise : ville de Moûtiers : Mgr Turinaz, évêque de Nancy : l'ordre de la Visitation : ville de Rumilly : province du Genevois : ville d'Annecy : Mgr Isoard : congrégation des Missionnaires de Saint-François de Sales : comte de Menthon : congrégation des Sœurs de Saint-Joseph de Chambéry : l'abbé Naville, d'Annecy : comte de Montbron : ville de Saint-Julien : province du Chablais : ordre des Oblats de Marie-Immaculée : la comtesse veuve Vial de Conflens : Mgr Rosset, évêque de Maurienne : ville de Saint-Jean de Maurienne : paroisse de Notre-Dame de Chambéry : Mgr Ricard : ville d'Albertville.

Dans les cordons au-dessous de la galerie des armoiries :

MEMBRES DU COMITÉ DE L'ŒUVRE DU VŒU NATIONAL AU SACRÉ-CŒUR : M. L'ABBÉ PELGÉ : R. P. VOIRIN O. M. I. : MM. TH. DAUCHEZ : LE GENTIL : H. ROHAULT DE FLEURY : CATILLON : BARON CAMILLE DE BAULNY : GÉNÉRAL BARON DE CHARETTE : CHESNELONG, SÉNATEUR : MICHEL CORNUDET : DESCOTES : VICE-AMIRAL MARQUIS GICQUEL DES TOUCHES : HEMAR : KELLER : COMTE DE LAMBEL : E. DE MARGERIE : MERVEILLEUX DU VIGNAUX : DE MONT DE BENQUE : MUSNIER DE PLEIGNES : PAGÈS : FERDINAND RIANT : VICE-AMIRAL RIBOURT : MARQUIS DE SÉGUR : BELUZE : BAUDON.

Au bas :

Georges et Francisque Paccard, fondeurs a Annecy-
le-Vieux (Haute-Savoie) 1890.
Laurent Pacoret (*d'Annecy*), officier d'Académie,
dessinateur, architecte a Rambouillet.
Joseph Burgunder, graveur, de Horkenshon (Al-
sace).

Nous ne décrirons pas le reste de l'ornementation
feuillages, fleurs, guirlandes, emblèmes et autres des-
sins dont les bandes contournent comme des rubans
le milieu et le bas de la cloche. Leur richesse forme
une agréable compensation à la somme des textes que
l'on a lus.

Nous saisissons cette occasion pour ajouter quelques
observations sur les légendes les plus fréquentes des
anciennes cloches, qui, à la longue, finiront par disparaître. Nous en signalerons deux.

Le premier auteur que nous avons cité plus haut a
reproduit l'inscription d'une des cloches de Mieussy,
de 1559 : *Mentem sanctam spontaneam in honorem
Deo et patriæ liberationem*. Il en a conclu qu'elle se
rapporte à la remise de la Savoie par Henri II, roi de
France, à Emmanuel-Philibert, duc de Savoie. C'est
une coïncidence fortuite. La même inscription se
trouve sur une des cloches de Notre-Dame de Liesse
d'Annecy, fondue, en 1561, par François Zermat, de
Bormio dans la Valteline. Cette formule se retrouve,
aux xve et xvie siècles, sur beaucoup de cloches de la
Savoie et du Dauphiné, dont nous avons pu étudier les
collections faites par des amateurs spéciaux. Nous l'a-
vons lue nous-même sur une cloche de 1428, au clocher de la chapelle romane de Belleville, à Hauteluce

(Savoie). *Mentem*, puis une petite cloche. *spontaneam
in honorem Deo et patriæ liberacionem.*

Une cloche de Genève. de 1481. portait : *Mentem
sanctam habeo, honorem Dei et patrie liberationem
invoco* [1].

Aucune de ces dates ne peut donner lieu à une coïncidence historique de guerre ou de modification politi-
que d'états.

Le culte public et le salut de la patrie. tels étaient les
deux principaux motifs du son de la cloche. Elle son-
nait pour appeler à l'office religieux. au sauvetage en
cas d'incendie. ou aux armes devant les menaces de
l'ennemi. Les guerres fréquentes de château à château.
dans le moyen âge, ne motivaient que trop souven. le
tocsin du village.

Plus tard. on répandit beaucoup les deux vers sui-
vants sur les cloches :

*Laudo Deum verum. plebem voco. congrego clerum.
Defunctos ploro. nimbum fugo. festa decoro.*

Plusieurs traductions en prose et en vers ont été es-
sayées sur ce distique : nous en donnons une tout-à-
fait inédite et la plus complète en ce genre :

A ma voix les chrétiens à Dieu vont rendre hommage.
Je chante leur naissance et pleure leur trépas.
Contre un feu destructeur j'appelle au sauvetage.
Contre l'envahisseur je stimule aux combats.
Je conjure la foudre et la grêle et l'orage.
Voyageurs égarés. je dirige vos pas.
Je compte des instants le rapide passage.
Que Dieu vous fasse grâce avant mon dernier glas.

---

1. BLAVIGNAC. *Le Christianisme à Genève*. p. 121.

LA SAVOYARDE

VUE LATÉRALE DE LA CLOCHE

OUVERTURE DE LA CLOCHE — LES FONDEURS

www.ingramcontent.com/pod-product-compliance
Ingram Content Group UK Ltd.
Pitfield, Milton Keynes, MK11 3LW, UK
UKHW031708170726
13836UKWH00001B/116